Välsignelsens
Otroliga Kraft

Richard Brunton

Välsignelsens Otroliga Kraft
Utgiven av Richard Brunton
Nya Zeeland

© 2018 Richard Brunton

ISBN 978-0-473-45011-3 (Pocket)
ISBN 978-0-473-45012-0 (e-Bok)
ISBN 978-0-473-45013-7 (Kindle)
ISBN 978-0-473-45014-4 (PDF)

Originalets titel:
The Awesome Power of Blessing

Redigering:
Särskilt tack till Joanne Wiklund och Andrew Killick
för att de gjort texten mer läslig än vad den annars varit!

Produktion och typsnitt:
Andrew Killick
Castle Publishing Services
www.castlepublishing.co.nz

Omslag:
Paul Smith

Översättning:
Cecilia Hägglund

Bibelcitat är hämtade från nuBibeln (NUB),
Swedish Contemporary Bible, Copyright © 2015, Biblica, Inc. ®

ALLA RÄTTIGHETER FÖRBEHÅLLNA

Ingen del av den här publikationen får reproduceras, sparas i ett
lagringssystem, eller överföras i någon form eller på något sätt,
inklusive elektroniskt, mekaniskt, via fotokopior, inspelning eller
annat, utan skriftlig tillåtelse från utgivaren.

INNEHÅLLSFÖRTECKNING

Förord	5
Introduktion	9
Del ett: Varför välsignelse?	**13**
Insikten	15
Kraften i vårt tal	19
Vår kallelse: Att gå från gott tal till välsignelse	22
Vad är kristen välsignelse?	24
Vår andliga auktoritet	27
Del två: Hur man gör	**35**
Några viktiga principer	37
Gör en ren mun till en livsstil	37
Fråga den Helige Ande vad du ska säga	37
Välsignelse och förbön	38
Döm inte	39
Ett exempel för att illustrera	40
Olika situationer vi kan ställas inför	42
Välsigna de som skymfar eller förbannar dig	42

Välsigna de som sårat eller avvisat dig	43
Välsigna dem som har provocerat dig	46
Välsignelse i stället för förbannelse av oss själva	49
Att känna igen och bryta förbannelser	49
Att välsigna sin mun	51
Att välsigna sitt sinne	52
Att välsigna sin kropp	54
Välsigna ditt hem, ditt äktenskap och dina barn	58
En faders välsignelse	66
Välsigna andra genom att förlösa profetior	71
Välsigna din arbetsplats	71
Att välsigna ett samhälle	74
Välsigna marken	76
Välsigna Herren	77
Ett slutord från en läsare	78
Tillämpningar	80
Hur blir jag kristen?	82

FÖRORD

Jag uppmuntrar dig att läsa den här lilla boken med dess kraftfulla budskap – du kommer att bli förändrad!

Det var medan Richard Brunton och jag åt frukost en morgon, som han delade med sig av vad Gud hade uppenbarat för honom om välsignelsens kraft, och jag såg genast att det fanns potential för stor inverkan på andra människors liv.

Jag filmade hans budskap för att visa under vår kyrkas läger för män. Männen som var närvarande tyckte att budskapet var så bra att de ville att hela kyrkan skulle höra det. Människor började praktisera budskapet inom alla områden i sina liv, och vi hörde fantastiska vittnesbörd som resultat. En egen företagare rapporterade att hans företag att gått från "ingenting till vinst" inom två veckor. Andra var fysiskt helade i och med att de började välsigna sina kroppar.

Andra möjligheter för att ta del av det här budskapet började öppnas upp. Jag skulle tala på "Gathering of the Generals" i Kenya och Uganda (ett evenemang där pastorer träffas för att få undervisning och bli stärkta). Richard följde med mig på resan och ledde ett seminarium om välsignelse. Budskapet bröt igenom tomhet och smärta som tryckts ner under lång tid. De flesta människorna i publiken hade aldrig välsignats av sina fäder, och då Richard antog rollen som ställföreträdande far och välsignade dem, föll många i gråt och upplevde känslomässig och andlig förlösning samt omedelbar förändring i sina liv.

Att ha kunskap om hur man välsignar har påverkat mitt liv till den grad att jag nu letar efter möjligheter att välsigna andra "i ord och handling" – genom vad jag säger och gör. Du kommer att uppskatta den här lilla boken, och om du applicerar den i ditt eget liv kommer din fruktsamhet att bli riklig och flöda över för Guds rike.

Geoff Wiklund
Geoff Wiklund Ministries,
Ledamot, Promise Keepers,
Auckland, Nya Zeeland

Gud har välsignat Richard med en uppenbarelse om kraften i välsignelse när den uttalas över andra. Jag tror att det här är en uppenbarelse från Gud för vår tid.

Eftersom Richard praktiserar sitt budskap i sitt eget liv, får budskapet en autenticitet som människor omedelbart relaterar till.

Det här gjorde att vi bjöd in Richard att tala vid alla våra "Promise Keepers" evenemang för män. Effekten var otroligt kraftfull och för många livsförändrande. "Välsignelse" var ett ämne som nådde in i och tog tag i mäns hjärtan under "Promise Keepers" evenemangen. Denna viktiga undervisning – välsignelse och kraften i "gott tal" – fick stor respons. Många män hade aldrig fått ta emot välsignelse eller gett välsignelse till andra. Efter att ha hört Richards budskap, och ha läst hans bok, fick de ta emot en kraftfull välsignelse och blev utrustade att välsigna andra i Faderns, Sonens och den Helige Andens namn.

Jag rekommenderar Richards bok *Välsignelsens otroliga kraft* och dess undervisning om hur vi på ett kraftfullt sätt kan förlösa Guds fullständiga välsignelse i våra familjer, våra samhällen och vår nation.

Paul Subritzky
National Director, Promise Keepers
Auckland, Nya Zeeland

INTRODUKTION

Alla älskar att höra spännande nyheter – och det är ännu bättre när du får berätta dem!

När jag upptäckte värdet i att ge välsignelse, var det som att jag var mannen i Bibeln som upptäckte en skatt i en åker. Entusiastiskt delade jag med mig av mina tankar och erfarenheter till pastor Geoff Wiklund och han bad mig tala till männen i hans kyrka på ett läger i februari 2015. De var så imponerade att de ville att hela kyrkan skulle få höra budskapet.

När jag talade i kyrkan föll det sig så att prästen Brian France från Charisma Christian Ministries och Paul Subritzky från Promise Keepers NZ, var närvarande den dagen. Det här resulterade i att jag delade med mig av mitt budskap i Charisma på Nya Zeeland och på Fijiöarna, och även till männen i Promise Keepers. Många tog till sig budskapet och började att praktisera det direkt med fantastiska resultat. En del sa att de aldrig tidigare fått undervisning om den här aspekten av Guds rike.

Undervisningen om välsignelse verkade få en snöbollseffekt (säger inte Gud, "Gåvor öppnar vägen för en människa"?). Mot slutet av 2015 följde jag med pastor Geoff till Kenya och Uganda. Han predikade för hundratals pastorer som deltog i "Gathering of the Generals". Det var ett årligt evenemang där deltagarna kunde söka inspiration och stöd, och Geoff kände att min undervisning skulle kunna vara till hjälp för dem. Och det visade sig vara så. Inte bara pastorer, men också andra talare från Amerika, Australien och Sydafrika tyckte att det var ett kraftfullt budskap och uppmuntrade mig att göra något för att nå en större krets.

Jag ville varken skapa eller underhålla en webbsida, inte heller skriva en djupgående bok eftersom det redan finns flera utmärkta sådana. Budskapet om välsignelse är väldigt enkelt – lätt att börja praktisera – och jag ville inte att dess enkelhet skulle gå förlorad i komplexitet – därför den här lilla boken.

Jag har hämtat citat från *The Power of Blessing* av Kerry Kirkwood, *The Grace Outpouring: Becoming a People of Blessing* av Roy Godwin och Dave Roberts, *The Father's Blessing* av Frank Hammond, och *The Miracle and Power* av Maurice Berquist. Jag är säker på att jag använt mig av andra människor och andra böcker också, men genom åren har allt smält samman.

Upptäckten av välsignelsens kraft kommer att öppna upp ett helt nytt sätt att leva för alla som börjar praktisera det. Jag välsignar människor nästan varje dag nu – troende och icke troende – på kaféer, restauranger, hotell, i väntrum och till och med på gatan. Jag har välsignat föräldralösa, barnhemspersonal, en flygvärdinna på ett flygplan, fruktodlingar, djur, plånböcker, företag och medicinska tillstånd. Vuxna män och kvinnor har gråtit vid mitt bröst när jag proklamerat en faders välsignelse över dem.

Jag har upptäckt att frågan "Får jag välsigna dig/ditt företag/ditt äktenskap etc.?" är mindre skrämmande för icke troende än "Får jag be för dig?" Det här enkla tillvägagångssättet, uttryckt med kärleksfull omsorg, ledde till att en av mina släktingar fick uppleva Jesu kärlek och makt att frälsa efter åratal av motstånd.

Oftast får jag inte bevittna resultatet, men jag har sett tillräckligt för att veta att välsignelse förändrar människors liv. Det har även förändrat mitt.

Det ligger i Guds natur att välsigna, och som varelser som är skapade till hans avbild, finns det även i vårt spirituella DNA. Den Helige Ande väntar på att Guds folk ska gå ut i tro och i den auktoritet som Jesus vann för dem, och förändra liv.

Jag tror att du kommer att tycka att den här boken är användbar. Jesus har inte lämnat oss maktlösa. Att tala ut välsignelse i olika situationer är en andlig ynnest som blivit försummad men som har potential att förändra din värld.

Mycket nöje.
Richard Brunton

DEL ETT:

Varför välsignelse?

INSIKTEN

Min fru Nicole är från Nya Kaledonien. Det betydde förstås att jag var tvungen att lära mig prata franska och spendera en del tid i hennes födelseort Noumea. Trots att Nya Kaledonien är ett mestadels katolskt land, tog det inte lång tid förrän jag la märke till att många människor fortfarande hade kontakt med "den mörka sidan", samtidigt som de praktiserade sin religion. Det var inte ovanligt för människor att besöka ett medium, en sierska eller *a guérisseur,* utan att förstå att vad de gjorde var att konsultera häxkraft.

Jag kommer ihåg att min fru tog med mig för att besöka en ung kvinna i tjugoårsåldern som hade gått till en av de här "helarna", men som strax efter hade blivit intagen på ett hem för mentalt störda och deprimerade personer. Eftersom jag visste att hon var kristen, befallde jag demonerna som hade gått in i henne att lämna henne i Jesu namn. En katolsk präst bad också för henne, och med våra gemensamma ansträngningar blev kvinnan befriad och också utskriven från institutionen inte långt senare.

Andra bekände katolicismen som sin religion, men hade ändå statyer eller föremål föreställande andra gudar. Jag träffade en sådan man som hade konstanta magproblem. En dag sa jag till honom att jag trodde att om han gjorde sig av med den stora feta Buddhastatyn som han hade framför sitt hus – den var helt upplyst på kvällen – då skulle hans magproblem försvinna. Han skulle också göra sig av med några av konstföremålen han samlat på sig. Han stretade emot – hur kunde de här "döda" tingen möjligtvis göra honom sjuk? Efter några månader träffade jag honom igen och jag frågade hur det var med hans mage. Lite förläget svarade han, "Till slut följde jag ditt råd och gjorde mig av med Buddhastatyn. Magen är bra nu."

Vid ett annat tillfälle blev jag tillfrågad att gå till en kvinna som hade cancer. Innan jag började be, föreslog jag att de skulle göra sig av med Buddhastatyerna som de hade i vardagsrummet, vilket kvinnan och hennes man omedelbart gjorde. Medan jag bröt förbannelser och befallde demoner att lämna henne i Jesu namn, beskrev hon att hon kände en iskyla som förflyttade sig i hennes kropp, från fötterna för att sedan lämna henne genom huvudet.

Med det här som bakgrund bestämde jag mig för att ge en lektion i "förbannelser" till en bönegrupp som min fru och jag hade startat i vår lägenhet i Noumea. Undervisningen var baserad på Derek Princes undervisning (Derek Prince var en välkänd bibellärare som verkade under 1900-talet). Medan jag förberedde lektionen och översatte den till franska lärde jag mig att det franska ordet för förbannelse var *malédiction* och att ordet för välsignelse var *bénédiction*. Grundbetydelserna för dessa ord är "dåligt tal" och "bra tal".

Tidigare när jag jämförde förbannelse och välsignelse, verkade förbannelse mörk, tung och farlig, medan välsignelse verkade lättviktig och ofarlig. Jag hade tagit del av undervisning om förbannelse tidigare, men aldrig om välsignelse – vilket troligtvis medverkade till min uppfattning. Jag hade heller aldrig sett någon välsigna en annan person med verklig intention och kraft. I själva verket, utsträckningen av välsignelse i kristna kretsar handlar ofta om att säga "Gud välsigne dig" eller att skriva "Välsignelser" i slutet av ett brev eller mejl – mer av vana, istället för med avsikt.

Senare, när jag funderade över dessa ord, "malédiction" and "benédiction", slog det mig att om "dåligt tal" var kraftfullt då borde "bra tal" vara minst lika kraftfullt, och med Guds inblandning troligtvis mycket mer kraftfullt!

Den här upptäckten, tillsammans med andra insikter som vi kommer att tala om senare, blev startskottet till att jag upptäckte *kraften* i välsignelse.

KRAFTEN I VÅRT TAL

Jag vill inte upprepa det som sagts i de många bra böcker som handlar om kraften i vårt tal, men jag vill ge en sammanfattning av det jag anser vara viktigt inom det här området.

Vi vet att:

> *Tungan har makt över liv och död. Den som älskar den får äta av dess frukt. (Ordspråksboken 18:21)*

Ord har otrolig kraft – antingen positiv och konstruktiv eller negativ och destruktiv. Varje gång vi uttalar ord (och även använder oss av ett visst tonfall vilket ger mening till orden), talar vi antingen liv eller död till dem som hör oss och oss själva. Vi vet även att:

> *Munnen talar ju vad hjärtat är fullt av. En god människa bär fram det goda ur den godhet som*

> *lagrats i hennes hjärta, medan en ond människa bär fram det onda ur den ondska som lagrats i hennes hjärta. (Matteus 12:34-35)*

Alltså, ur ett kritiskt hjärta kommer kritiskt tal; från ett självgott hjärta ett fördömande tal; ur ett otacksamt hjärta ett klagande tal; och så vidare. På samma sätt ger lustfyllda hjärtan motsvarande frukt. Världen är full av negativt tal. Media spyr ut det dag efter dag. Genom att människans natur är vad den är, tenderar vi att inte tala väl om människor och situationer. Det verkar inte vara naturligt för oss. Vi väntar ofta tills människor är döda innan vi säger bra saker om dem. Hursomhelst, "de goda skatterna" kommer från kärleksfulla hjärtan som ger ett vänligt tal; från fridfulla hjärtan ett försonande tal; och så vidare.

Uttalandet "Den som älskar den får äta av dess frukt" antyder att vi får skörda det vi sår – vare sig det är gott eller ont. Med andra ord, du kommer att få det du säger. Vad tänker du om det? Det här är sant för alla människor, vare sig de har en kristen tro eller inte. Kristna och icke-kristna kan tala ord av liv – till exempel kan båda säga: "Min son, du har byggt en jättefin koja. Du kan bli en duktig byggnadsarbetare eller arkitekt när du blir stor. Bra gjort."

Däremot har en kristen som är född på nytt ett *nytt* hjärta. Bibeln säger att vi är "nya skapelser" (2 Korintierbrevet 5:17). Som kristna borde vi därför ägna oss åt mer *bra* tal och mindre *dåligt* tal. Vi kan lätt falla in i negativitet om vi inte är försiktiga och vaktar våra hjärtan och ord. När du börjar att medvetet tänka på det här kommer du att bli förvånad hur ofta kristna – även oavsiktligt – förbannar andra och sig själva. Mer om detta senare.

VÅR KALLELSE: ATT GÅ FRÅN GOTT TAL TILL VÄLSIGNELSE

Som kristna, med livet från Herren Jesus flödande genom oss, kan vi gå längre än att bara tala gott – vi kan uttala och skänka välsignelse över människor och situationer – vi är till och med kallade att göra det. Kanske är välsignelser vår stora kallelse. Läs följande:

> *Till sist ett ord till er alla: Försök att leva i harmoni med varandra, visa medkänsla, syskonkärlek, medlidande och ödmjukhet. Se till att ingen hämnas på någon, och att ingen hånar tillbaka om han blir hånad. Nej, välsigna i stället, eftersom ni själva är kallade till att ärva välsignelse.*
> *(1 Petrusbrevet 3:8-9)*

Vi är kallade att välsigna och få välsignelse.

Det första som Gud sa till Adam och Eva var en välsignelse:

> *Gud välsignade dem och sa: "Var fruktsamma och föröka er, uppfyll jorden och lägg den under er!…" (1 Mosebok 1:28)*

Gud välsignade dem så att de kunde bli fruktsamma. Välsignelse är ett av Guds kännetecken – det är vad han gör! Och som Gud – och från Gud – har även vi auktoriteten och makten att välsigna andra.

Jesus välsignade. Det sista han gjorde, precis när han var på väg att stiga upp till himlen, var att välsigna sina lärjungar:

> *Sedan tog Jesus dem med sig ut ur staden och bort mot Betania, och där lyfte han sina händer och välsignade dem. Medan han välsignade dem, lämnade han dem och togs upp till himlen. (Lukas 24:50-51)*

Jesus är vår förebild. Han sa att vi skulle utföra samma gärningar som han, i hans namn. Vi är skapade av Gud att välsigna.

VAD ÄR KRISTEN VÄLSIGNELSE?

I gamla testamentet är ordet för välsignelse det hebreiska order *barak*. Det betyder "att uttala Guds intention".

I nya testamentet är ordet för välsignelse det grekiska order *eulogia*, från vilket vi får ordet "eloge". I praktiken betyder det att "tala bra om" eller att "uttala Guds intention eller välvilja" över en person.

Det är den här definitionen av välsignelse som jag kommer att använda mig av i den här boken. Välsignelse är att uttala Guds intention eller välvilja över en person eller situation.

Gud har i sin vishet bestämt sig för att mestadels begränsa sitt arbete på jorden till det han kan utföra genom sitt folk. Det är så han frambringar sitt rike på jorden. På samma sätt vill han att vi välsignar å hans vägnar. Som en kristen kan jag uttala Guds syfte eller välvilja över en person eller en situation i Jesu namn. Om jag gör det med tro och kärlek, då står himlens makt bakom det jag säger, och jag kan förvänta mig att Gud kommer att förändra saker från hur de är till det han vill att de ska vara. När jag välsignar någon avsiktligt med kärlek och tro, gör jag det möjligt för Gud att aktivera sina planer för den personen.

Å andra sidan kan en människa avsiktligt eller oavsiktligt uttala Satans syfte över någon annan, eller till och med över sig själv, vilket gör det möjligt för demoniska krafter att aktivera sina planer för personen – att stjäla, slakta och döda. Men prisa Gud,

> *Han som finns i er är ju större än den som finns i världen. (1 Johannesbrevet 4:4)*

Att välsigna finns i Guds hjärta – det är hans natur! Guds önskan att välsigna är omåttlig. Inget kan stoppa honom. Han är beslutsam att välsigna mänskligheten. Hans längtan är att Jesus ska ha många bröder och systrar. Det är vi! Trots att Guds innersta är att välsigna mänskligheten, önskar han ännu mer att hans folk ska välsigna varandra.

När vi välsignar i Jesu namn, då kommer den Helige Ande eftersom vi imiterar något som Fadern gör – vi uttalar de ord som Fadern önskar ska bli uttalade. Jag är konstant förbluffad över hur sant det här är. När jag välsignar någon är den Helige Ande involverad – han vidrör den andra personen, kärlek är förlöst och saker förändras. Människor kramar mig ofta efteråt, de gråter och säger, "Du förstår inte hur vältajmat och kraftfullt det där var" eller "Du vet inte hur mycket jag behövde det där".

Det finns en sak som är viktigt att notera: vi välsignar utifrån vår närhet till Gud, utifrån hans närvaro. Vår andliga närhet till Gud är otroligt viktig. Våra ord är hans ord och de är smorda med hans makt för att fullborda hans intention for personen eller situationen. Men låt oss ta några steg tillbaka…

VÅR ANDLIGA AUKTORITET

I gamla testamentet var det prästerna som skulle be för folket och uttala välsignelser över dem.

> *Säg till Aron och hans söner att de ska välsigna Israels folk med dessa ord:*
>
> *HERREN välsigne och bevare dig.*
> *HERREN låte sitt ansikte lysa mot dig och vare nådig mot dig,*
> *HERREN vände sitt ansikte till dig och ge dig sin frid*
>
> *Så ska Aron och hans söner lägga mitt namn över Israels folk och jag ska själv välsigna dem.*
> *(4 Mosebok 6:23-27)*

I nya testamentet är vi kristna kallade:

> *Men ni är "ett utvalt släkte, ett kungligt prästerskap, ett heligt folk, Guds eget folk, som ska*

förkunna hans storverk." Han har ju kallat er från mörkret till sitt underbara ljus. (1 Petrusbrevet 2:9)

Och Jesus

...har gjort oss till ett kungarike, till präster åt sin Gud och Fader... (Uppenbarelseboken 1:6)

För en tid sedan satt jag på Ouen Toro, en utsiktsplats i Noumea, och försökte komma på en andakt till en bönegrupp. Jag kände att Gud sa "Du vet inte vem du är". Sedan några månader senare: "Om du visste vilken auktoritet du har i Kristus skulle du förändra världen." Båda dessa meddelanden var till specifika grupper av människor, men jag insåg senare att även var avsedda för mig.

Jag tror att det är allmänt känt i kristna kretsar att tala direkt till en sjukdom eller ett tillstånd (ett "berg" – Markus 11:23) och beordra att ett helande sker, är mer effektivt än att be Gud göra det (Matteus 10:8; Markus 16:17-18). Det här stämmer verkligen enligt min erfarenhet och även enligt många andra välkända och respekterade människor som är aktiva och framgångsrika inom helande och andeutdrivning. Jag anser att Jesus i själva verket säger "Hela de sjuka (i mitt namn). Det är inte *mitt* jobb, det är *ert* jobb. Gör det."

Gud vill hela och han vill göra det genom oss. Gud vill befria och han vill göra det genom oss. Gud vill välsigna och han vill göra det genom oss. Vi kan be Gud välsigna, eller så kan vi välsigna i Jesu namn.

För ett antal år sedan, tog jag mig tid att gå till jobbet tidigt för att välsigna mitt företag. Jag började med "Gud, välsigna Colmar Brunton". Det kändes livlöst. Sedan ändrade jag – först lite blygt – från "Gud, välsigna Colmar Brunton" till:

Colmar Brunton, jag välsignar dig i Faderns, Sonens och den Helige Andens namn. Jag välsignar dig i Auckland, jag välsignar dig i Wellington, och jag välsignar dig i de övriga regionerna. Jag välsignar dig på jobbet och jag välsignar dig i hemmet. Jag förlöser Guds rike på den här platsen. Kom den Helige Ande, du

> *är välkommen här. Jag förlöser kärlek, glädje, tålamod, vänlighet, godhet, mildhet, trofasthet, självkontroll och enhet. I Jesu namn förlöser jag idéer från Guds rike som kan hjälpa våra kunder att lyckas och som kan göra världen till en bättre plats. Jag förlöser fördel på marknaden. Jag förlöser fördel på arbetsmarknaden. Jag välsignar vår vision: "Bättre affärsverksamhet, bättre värld". I Jesu namn, amen.*

Under det att jag kände att jag blev ledd av den Helige Ande, brukade jag göra ett korstecken vid vår ingång och applicera Jesu blods beskydd över vårt företag.

I det ögonblick jag ändrade från "Gud, välsigna Colmar Brunton" till "Colmar Brunton, jag välsignar dig i Faderns, Sonens och den Helige Andens namn", kom Guds smörjelse över mig – jag kände Guds glädje och bekräftelse. Det var som att han sa, "Du har förstått det, min son; det här är det jag vill att du ska göra." Trots att jag har gjort det här hundratals gånger nu, har jag alltid känt Guds glädje. Och resultatet? Atmosfären på kontoret förändrades, och den förändrades så snabbt att folk började prata öppet om det och fundera på varför saker var så annorlunda. Det var verkligen fantastiskt! Välsignelse kan verkligen förändra vår värld.

Men jag slutade inte där. På morgonen, när kontoret fortfarande var tomt och jag gick förbi en stol vars ägare jag visste behövde vishet i en särskild situation, då välsignade jag personen och la händerna på stolen i tro att smörjelsen skulle gå in i tyget på stolen och sedan in i personen som satt på den (Apostlagärningarna 19:12). Närhelst jag var medveten om speciella behov, välsignade jag alltid på det här sättet.

Jag minns särskilt en person som hade som vana att häda – det vill säga, han använde Guds namn som en svordom. En morgon la jag händerna på hans stol, och band anden av hädelse i Jesu namn. Det behövdes flera försök, men till slut blev den onda anden tvungen att böja knä för en starkare kraft och hädande försvann ur mannens vokabulär.

Jag minns också en man som kom till mig för att få

förbön. Han ville att Gud skulle ta bort honom från hans arbetsplats för att alla som jobbade där hädade. Jag antog ett motsatt synsätt: den här mannen var där för att välsigna sin arbetsplats och förändra atmosfären! Vi kan förändra vår värld.

Jag har skapat en uppfattning att medan Gud vill välsigna mänskligheten, så önskar han ännu mer att vi – hans folk, hans barn – ska välsigna mänskligheten. Du har andlig auktoritet. Du kan välsigna!

Vår helige Far vill att vi ska *medverka*, att vi ska *samarbeta* med honom i hans förlösande arbete. Vi kan välsigna mänskligheten med helande och utdrivning men vi kan också välsigna mänskligheten med våra ord. Vi är det folk Gud använder för att välsigna världen. Vilket privilegium och vilket ansvar!

För mig betyder välsignelse att vi med vår ande, som är fylld med den Helige Ande, uttalar Guds syfte över människors liv och situationer, med kärlek, öppna ögon, intention, auktoritet och makt. Enkelt sagt, välsignelse är att agera i tro genom att deklarera Guds syfte för personen eller situationen. När vi deklarerar Guds syfte, förlöser vi hans förmåga att förändra saker från det de är till det han vill att de ska vara.

Och kom ihåg, vi är välsignade när vi välsignar.

DEL TVÅ:
Hur man gör

NÅGRA VIKTIGA PRINCIPER

Gör en ren mun till en livsstil

Ur samma mun kommer både välsignelse och förbannelse. Så får det inte vara. (Jakobsbrevet 3:10)

Om du talar värdigt, inte ovärdigt, ska du få vara min talesman. (Jeremia 15:19b)

Om du vill uttala Guds syfte över människor, då måste du undvika att uttala ord som är värdelösa – eller värre än värdelösa.

Fråga den Helige Ande vad du ska säga

Aktivera din ande (genom lovprisning eller tungotal). Be den Helige Ande att han ska låta dig känna Faderns kärlek för den person du ska välsigna. Be så här:

Fader, vad vill du ska sägas? Ge mig ord av välsignelse för den här personen. Hur kan jag uppmuntra eller trösta honom eller henne?

Välsignelse och förbön

De flesta tycker att det är svårt att lära sig att uttala välsignelser. De halkar ständigt in på förbön, och ber Fadern välsigna. Även om detta är bra, är en välsignelse som uttalas på det sättet en bön, och det är viktigt att känna till skillnaden. Att uttala välsignelser ersätter inte bön och förbön, det är ett komplement till dem – de bör gå hand i hand.

Författarna Roy Godwin och Dave Roberts förklarar det här väldigt bra i boken *The Grace Outpouring*:

När vi välsignar, ser vi personen i ögonen (om situationen tillåter) och talar direkt till honom eller henne. Vi kan säga till exempel, "Jag välsignar dig i Faderns namn. Herren Jesu nåd må vila över dig. Jag välsignar dig hans namn. Faderns kärlek må omsluta dig och fylla dig; att du må känna i ditt innersta hur mycket och hur fullständigt han accepterar dig och gläds över dig."

Lägg märke till den personliga pronomenet "Jag". Det är jag som uttalar välsignelsen i Jesu namn över personen. Jag har inte bett till Gud om en välsignelse, utan har uttalat en välsignelse genom att använda den auktoritet som Jesus gett oss att välsigna andra människor så att han kan komma och välsigna dem.

Döm inte

Döm inte huruvida en person förtjänar välsignelse eller inte. Sann välsignelse uttalad över någon eller något, är grundad i hur Gud ser dem. Guds fokus är inte på hur de framstår just nu, utan på hur de är ämnade att vara.

Till exempel, Gud kallade Gideon *"tappre soldat"* (Domarboken 6:12) när han var allt annat än tapper! Jesus kallade Petrus för *"klippa"* (Matteus 6:18) innan han hade "axlarna" att bära andra människor. Vi läser också *"Gud som gör de döda levande och kallar på sådant som inte finns till som om det redan fanns till."* (Romarbrevet 4:17). Om vi förstår det här, kommer det att eliminera vår tendens att agera "domare" för huruvida en person förtjänar välsignelse.

Ju mindre en person förtjänar välsignelse, desto mer behöver han eller hon den. Människor som välsignar oförtjänta personer får en stor välsignelse tillbaka.

Ett exempel för att illustrera
Föreställ dig en man som heter Fred som har problem med alkohol. Freds fru är missnöjd och ber kanske så här: *"Gud välsigne Fred. Gör så att han slutar dricka och lyssnar på mig."* Det skulle vara mycket mer kraftfullt att säga:

> *Fred, jag välsignar dig i Jesu namn. Må Guds planer för ditt liv gå i uppfyllelse. Må du bli den make och pappa som Gud har tänkt att du ska vara. Jag välsignar dig med befrielse från beroende. Jag välsignar dig med Jesu frid.*

Den första välsignelsen delegerar problemet till Gud. Den kräver ingen ansträngning. Den är också dömande och självgod, och fokuserar på Freds synder.

Den andra välsignelsen kräver mer eftertanke och mer kärlek. Den är inte fördömande utan fokuserar på Freds potential istället för på hans nuvarande tillstånd. Nyligen hörde jag någon säga att Satan känner till vad vi heter och vår potential men nämner oss vid vår synd, medan Gud vet om vår synd men nämner oss vid vårt rätta namn och potential. Den andra välsignelsen är mer i linje med Guds plan och syften. Den återspeglar Guds förlåtande hjärta. Kom ihåg, Gud älskar Fred.

OLIKA SITUATIONER VI KAN STÄLLAS INFÖR

Jag är en student i välsignelse. När jag började visste jag inte hur jag skulle välsigna, och jag hittade inte mycket som kunde hjälpa mig. Jag insåg snabbt att det finns många olika situationer, så jag vill ge några förslag nedan om hur du kan välsigna. Du kan anpassa dessa till behovet i den specifika situationen och till det du känner att den Helige Ande vill att du ska säga. Det här kräver övning, men det är värt det.

Välsigna de som skymfar eller förbannar dig
För många år sedan, kom en anställd som nyligen sagt upp sig, hem till mig för att fika och säga hej då. Hennes tro var åt New Age hållet – "godheten inom oss" och liknande. Under samtalet berättade hon att de senaste två företagen hon jobbat för och sagt upp sig från, hade gått i konkurs efter att hon slutat. Jag hade inte varit kristen särskilt länge vid det här tillfäl-

let, men trots detta insåg jag att hennes ord var en förbannelse som var på väg att antändas. Jag kände rädsla under några ögonblick, men sedan vägrade jag att acceptera det i mitt sinne. Men jag tog inte nästa steg och välsignade henne. Efter att ha frågat om tillåtelse att be för vad jag hade på hjärtat kunde jag ha sagt:

> *Deborah (inte hennes riktiga namn), jag binder inflytandet av häxkraft i ditt liv. Jag välsignar dig i Jesu namn. Jag deklarerar Guds godhet över dig. Må Guds syfte för ditt liv bli uppfyllt... Jag välsignar dina förmågor, må de välsigna din framtida arbetsgivare och ge Gud ära. Må du bli den underbara kvinna av Gud som han vill att du ska vara. I Jesu namn, amen.*

Välsigna de som sårat eller avvisat dig

En gång bad jag för en kvinna som hade känslomässiga och ekonomiska besvär efter att hennes man lämnat henne. Jag frågade henne om hon kunde förlåta honom. Det var svårt, men hon gjorde det. Jag frågade henne sedan om hon kunde välsigna sin make. Hon blev lite chockad men var beredd att prova. Hennes man var inte där, men jag ledde henne att välsigna med de här orden:

Min make, jag välsignar dig. Må alla Guds planer för ditt liv och vårt äktenskap uppfyllas. Må du bli den man, den make och den pappa som Gud ämnar dig att vara. Må Guds nåd och välvilja vara med dig. I Jesu namn, amen.

Det var obekvämt till att börja med, men sedan kände hon Faderns hjärta och smörjelse föll över henne. Vi grät båda två medan den Helige Ande hjälpte henne, och även hennes man. Guds vägar är inte våra vägar. Att välsigna i situationer som denna är modigt – majestätiskt till och med – och Kristuslikt.

Guds hjärta klappar för att välsigna dem som inte gjort sig förtjänta av det, det är hans specialitet. Tänk på tjuven som korsfästes samtidigt som Jesus, eller på kvinnan som visat sig vara otrogen. Hur är det med dig och mig?

Välsignelse är "icke-värdsligt" och motsägande – det

är inte något som känns naturligt för människor i smärtsamma situationer. Men det är Guds sätt, och det kan hela både personen som ger välsignelsen och den som får ta emot välsignelsen. Den klipper av den giftiga strålen av bitterhet, hämnd, agg och ilska som annars kan skada din kropp och förkorta ditt liv.

Här är ett mejl som jag fick från Denis nyligen:

För ungefär tre månader sedan pratade jag med min bror i telefon. Vi pratar inte med varandra så ofta eftersom han bor och jobbar i en annan stad.

När vi höll på att avsluta vårt vänskapliga samtal, frågade jag honom om han ville ge mig tillåtelse att välsigna det företag som han driver tillsammans med sin fru. Hans reaktion till detta var inte positiv. Han var oförskämd och sa en del saker som verkligen gjorde mig upprörd. Jag undrade om vår relation blivit förstörd för alltid. Hursomhelst, under de följande dagarna och veckorna levde jag som vanligt och använde mig av principerna i välsignelsens kraft för att uttala

Guds välvilja över min brors företag. Ibland gjorde jag det här två till tre gånger om dagen. Tre månader senare, dagen innan julafton, ringde min bror som om ingenting hade hänt. Jag var överraskad över hans vänliga attityd och det fanns inget agg mellan oss överhuvudtaget.

Den kraft som finns i välsignelse av omständigheter som är utanför vår kontroll fungerar verkligen... Prisa Herren!

Välsigna dem som har provocerat dig
En av de mest irriterande företeelserna för en del av oss, är när människor gör egoistiska, hänsynslösa eller fullkomligt regellösa saker i trafiken. Icke-kristna ord kan poppa upp i tanken och komma ut ur våra munnar innan vi vet ordet av. När detta händer förbannar vi någon som Gud har skapat och som Gud älskar. Det kan mycket väl vara så att Gud försvarar personen.

Nästa gång det här händer, testa att välsigna den andra föraren istället för att uttala arga ord:

> *Jag välsignar den där unge mannen som körde in precis framför mig (inte väntade på sin tur i kön). Herre, jag deklarerar din kärlek över honom. Jag förlöser din godhet över honom och alla dina syften för hans liv. Jag välsignar den här unge mannen och jag framkallar hans potential. Må han komma hem tryggt och bli en välsignelse för sin familj. I Jesu namn, amen.*

Eller mindre formellt:

> *Fader, jag välsignar den där bilföraren i Jesu namn. Må din kärlek följa honom, ta överhanden och fånga honom!*

En av mina läsare gjorde en intressant observation:

> *Jag har upptäckt att välsignelse har förändrat mig. Jag kan inte välsigna människor som har irriterat mig och sedan tala – eller ens tänka – elaka tankar om dem. Det skulle vara fel. I stället väntar jag på goda resultat från välsignelsen...*
> *– Jillian*

Min vän John bad mig be för ett familjegräl som gällde ett arv. Konflikten drog ut på tiden och blev mer och mer otrevlig. Jag föreslog att vi i stället för att be, skulle välsigna situationen.

> *Vi välsignar den här situationen och konflikten över arvet i Jesu namn. Vi går emot oenighet, bråk och stridighet och vi förlöser rättvisa, hederlighet och försoning. Vi sätter våra egna tankar och önskemål åt sidan och förlöser Guds vilja för hur arvet ska fördelas. I Jesu namn, amen.*

Inom några dagar var problemet löst på ett vänskapligt sätt. Jag älskar vad en annan av mina läsare säger:

> *Jag har blivit överraskad över det snabba resultat som jag fått när jag välsignat andra människor. Det är som att Herren är redo att göra ett utfall i kärlek mot människor om vi förlöser välsignelse över dem. – Pastor Darin Olson, Junction City, Oregon Nazarene Church*

Välsignelse kan verkligen förändra vår värld.

VÄLSIGNELSE I STÄLLET FÖR FÖRBANNELSE AV OSS SJÄLVA

Att känna igen och bryta förbannelser
Hur vanliga är de här tankarna: "Jag är ful, jag är dum, jag är klumpig, jag är trögtänkt, ingen tycker om mig, Gud kan inte använda mig, jag är en syndare…"? Det finns så många lögner som Satan får oss att tro på.

Jag har en vän som tänker så här hela tiden och det gör mig ledsen. "Åh, Rose (inte hennes riktiga namn), du är så dum. Du har klantat till det igen. Du kan inte göra någonting rätt…"

Upprepa eller acceptera inte de här förbannelserna! Välsigna dig själv i stället.

Jag minns en situation från en bönegrupp. Jag identifierade en ande av värdelöshet hos en kvinna som kommit för att få förbön. Under förbönen sa hon "Jag är dum". Jag frågade henne var hon fått det ifrån.

Hon sa att hennes föräldrar sagt det till henne. Så tragiskt…och så vanligt.

Jag vägledde henne i att uttala följande:

> *Jag förlåter mina föräldrar i Jesu namn. Jag förlåter mig själv. Jag bryter de ord mina föräldrar och jag själv har uttalat över mig. Jag har Kristi sinne. Jag är smart.*

Vi visade bort andarna av avvisande och värdelöshet. Jag välsignade henne och deklarerade att hon var Guds prinsessa, att hon var värdefull för honom, att Gud skulle använda henne för att välsigna andra, att ge andra känslomässigt helande och hopp. Jag välsignade henne med mod.

Långsamt tog hon emot den här välsignelsen. Hon började att stråla. Veckan efter berättade hon hur bra det varit för henne. Vi kan förändra vår värld.

Vem som helst kan göra det här. Bibeln är full av Guds syften för människor och vi kan deklarera dessa syften över dem.

Jag skulle vilja dela med mig av ett till exempel. Nyligen bad jag för en kvinna som hade magsmärta. Medan jag bad för henne, kom den Helige Ande över henne och hon stod dubbelböjd medan onda andar lämnade henne. Allting var frid och fröjd i några dagar tills magsmärtan kom tillbaka. "Varför Gud?" frågade hon. Hon kände att den Helige Ande påminde henne om att lite tidigare, när hon befann sig på en möteshelg, hade en person sagt att hon måste vara noga med att tillaga kycklingen så att folk inte blev sjuka. Hon svarade att hon inte ville bli sjuk de närmsta dagarna (medan konferensen varade), men att efter det spelade det ingen roll. Hon bröt makten i de här obetänksamma orden och återfick sitt helande direkt.

Att välsigna sin mun

Jag välsignar min mun att yttra det som är värdefullt och inte det som är värdelöst, och att vara som Herrens mun. (Baserat på Jeremia 15:19)

Många av Jesu mirakler utfördes bara genom tal. Till exempel, *"Gå hem igen! Din son lever."*

(Johannesevangeliet 4:50) Jag vill kunna göra samma sak. Därför välsignar jag min mun och aktar det som kommer ut ur den.

Min fru och jag bodde på ett hotell i Noumea. Vi hörde en bebis som grät nästan oavbrutet hela natten. Efter ett par dagar gick min fru ut på balkongen och frågade mamman vad som var fel. Kvinnan visste inte, men sa att bebisen var inne på sin tredje penicillinkur och att inget hjälpte. Min fru frågade kvinnan om jag fick be för bebisen och hon sa ja, om än skeptiskt. Jag bad på min medelmåttiga franska och talade i tro över barnet att "hon skulle sova som en bebis". Och det gjorde hon.

Att välsigna sitt sinne

Jag säger ofta,

> *Jag välsignar mitt sinne; jag har Kristi sinne. Därför tänker jag hans tankar. Må mitt sinne vara en helig plats där den Helige Ande tycker om att vara. Må det få ta emot kunskap, vishet och uppenbarelse.*

Ibland brottas jag med orenhet i mina tankar, och jag har upptäckt att det här hjälper. Jag välsignar också min fantasi, att den ska användas för gott och inte för ont. Jag hade problem med min fantasi häromdagen – den vandrade i väg till en massa ställen där jag inte ville att den skulle vara – Gud sa till mig, "I din fantasi, föreställ dig Jesus utföra sina mirakler…sedan föreställ dig att du utför dem." Jag har upptäckt att det är mycket mer effektivt att tänka på något gott (Filipperbrevet 4:8) än att tänka på att inte tänka på något! Att välsigna ditt eget sinne och din fantasi hjälper att nå målet av helighet.

En gång när jag kände mig nere på grund av ett misslyckande i min tankevärld, kom orden i en gammal psalm till mitt hjärta:

Du är min syn, min hjärtas Herre
Inget annat tillfredsställer dig Herre
Du är min bästa tanke under dagen eller natten
I vakenhet eller sömn, din närhet mitt ljus

Att välsigna sin kropp

Känner du till versen: *"Ett glatt hjärta har en helande verkan"* (Ordspråksboken 17:22)? Bibeln säger att våra kroppar svarar på positiva ord och tankar:

Jag välsignar min kropp. Jag gör slut på sjukdom. Jag välsignar mitt fysiska välmående.

En gång såg jag ett filmklipp om en man som hade ett allvarligt hjärtproblem. Det blodkärl som han fått genom en tidigare bypass-operation hade blivit blockerat. Han välsignade sina blodkärl i ungefär tre månader. Han deklarerade att de var fantastiskt skapade. På återbesök hos doktorn upptäckte man att han mirakulöst hade fått ett nytt blodkärl!

Jag bestämde mig för att jag skulle testa det här på min hud. Jag hade problem med solskador från min ungdom. På äldre dagar fick jag små utväxter på mina axlar och rygg som var tvungna att frysas bort med några månaders mellanrum. Jag bestämde mig för att välsigna min hud. Till att börja med välsignade jag den bara i Jesu namn. Men sedan läste jag något om huden som ändrade mitt perspektiv. Jag insåg att trots att jag var täckt av hud så visste jag ingenting om det största organet i min kropp. Jag hade pratat om den, men jag hade aldrig talat till den. Och jag tvivlar på att jag hade sagt något bra om den – i stället klagade jag. Jag var otacksam.

Men huden är otrolig. Det är ett luftkonditionerings- och reningssystem. Den skyddar kroppen from invaderande bakterier och den helar sig själv. Den täcker och skyddar alla våra inre delar och den gör det så fantastiskt.

Tack Gud för huden – rynkor och allt. Hud, jag välsignar dig.

Efter några månader av den här typen av välsignelse, är min hud nu nästan läkt. Nyckeln var att jag började uppskatta och vara tacksam över den. Den är fantastiskt skapad. En verklig lärdom. Klagomål stöter bort Guds rike; tacksamhet attraherar det.

Här följer ett vittnesbörd från min vän, David Goodman:

För några månader sedan hörde jag Richard predika om välsignelse – ett oskyldigt ämne, men ett ämne som berörde mig på grund av dess infallsvinkel. Sammanfattningsvis handlade den om att välsignelse inte är något vi behöver be Gud om, att vi som kristna har auktoritet och till och med ansvar att gå ut i den fallna världen, att som Kristi ambassadörer kan vi göra skillnad i andras liv för Guds rike. Vi kan gå ut och välsigna människor i deras liv och uppenbara Jesus för dem samtidigt.

Idén kändes bra när jag tänkte på andra människor, men när jag började tänka på att välsigna mig själv var det som att gå in i en vägg. Jag kunde inte skaka av mig känslan att jag inte var värdig, att jag var egoistisk, att jag tog Gud för given. Min känsla förändrades dock när jag insåg att vi som kristna är en ny skapelse, födda på nytt och skapade för ett syfte som Gud har planerat för oss. Vi bör därför uppskatta och ta hand om den kropp vi har – vi är trots allt ett tempel för den Helige Ande att ha sin boning.

Jag började med ett litet experiment – varje dag när jag vaknade, välsignade jag en del av min kropp, tackade det för dess funktion; lovordade det för att ha gjort ett bra jobb. Jag berömde mina fingrar för deras färdighet, för de förmågor de har att utföra alla uppgifter som krävs av dem och mer därtill. Jag berömde och tackade mina ben för det outtröttliga arbetet av förflyttning och fart, för deras förmåga att arbeta i samklang. Jag berömde min kropp för att alla kroppsdelar arbetar så väl tillsammans. Det här fick ett egendomligt resultat.

Eftersom jag mådde så mycket bättre fysiskt och mentalt, vände jag mina tankar till en smärta i min underarm som jag erfarit några månader – en smärta som verkade komma från skelettet och som behövde gnuggas med jämna mellanrum för att åtminstone delvis minska det konstanta bultandet. Jag fokuserade på det här området, berömde min kropp för dess helande förmåga, för dess orubblighet att besegra de utmaningar som kommer i dess väg, för det stöd som andra kroppsdelar kunde ge under reparationsarbetet.

> *Bara ca tre veckor senare vaknade jag en morgon och insåg att jag inte längre kände någon smärta i min arm; att värken hade försvunnit helt och hållet och inte kommit tillbaka.*

> *Jag insåg att medan det finns tillfällen då helandets gåva ska användas i tro och till förmån för andra, så finns det också en annan väg öppen för oss som individer att använda helandets gåva för oss själva. Det är en lektion i ödmjukhet, att vi kan lita på det Gud gett oss i våra nya kroppar, att vi kan gå framåt i tillförsikt i ett nytt och levande levnadssätt.*

Välsigna ditt hem, ditt äktenskap och dina barn

Ditt hus – Välsignelse passande för hus

Det är en bra idé att välsigna sitt hus och att förnya välsignelsen minst en gång om året. Att välsigna platsen där du bor är så enkelt som att du använder din andliga auktoritet som du fått av Jesus Kristus och dedikerar och viger platsen till Herren. Det innebär att bjuda in den Helige Ande och att tvinga allting som inte är av Gud att lämna platsen.

Ett hem är inte bara tegelstenar och murbruk – det har personlighet också. Precis som att du har lagligt tillträde till ditt hus nu, har någon annan haft lagligt tillträde till det eller din tomt före dig. Saker kan ha hänt tidigare som fört med sig antingen välsignelser eller förbannelser. Oavsett vad som hänt tidigare, är det din auktoritet som avgör vilken andlig atmosfär som kommer att råda från och med nu. Om demonisk aktivitet fortfarande pågår på grund av tidigare ägarskap, känner du troligtvis det – och det är upp till dig att driva ut dessa krafter.

Naturligtvis måste du också betänka vilka demoniska krafter du själv, kanske oavsiktligt, ger tillträde till ditt hem. Har du ogudaktiga tavlor, föremål, böcker, musik eller filmer? Vilka tv-program ger du tillträde? Finns det synd i ditt hem?

Här ett är en enkel välsignelse du kan använda medan du går genom ditt hus, rum för rum:

Jag välsignar det här huset, vårt hem. Jag deklarerar att det här huset tillhör Gud, jag viger det till Gud och placerar det under Jesu Kristi herravälde. Det är ett hus av välsignelse.

Jag bryter varje förbannelse i huset med Jesu Kristi blod. Jag tar auktoritet över varje demon i Jesu namn, och jag befaller dem att lämna huset nu och aldrig återvända. Jag kastar ut varje ande av konflikt, splittring och osämja. Jag kastar ut anden av fattigdom.

Kom Helige Ande och fördriv allting som inte kommer från dig. Fyll det här huset med din närvaro. Låt dina frukter komma: kärlek, glädje, frid, vänlighet, tålamod, godhet, mildhet, trofasthet och självkontroll. Jag välsignar det här huset med ett överflöd av frid och kärlek. Må alla som kommer hit känna din närvaro och bli välsignade. I Jesu namn, amen.

Jag har gått runt min tomtgräns och välsignat den och andligt applicerat Jesu blod för beskydd av egendomen och de som bor där, både från allt ont och från naturkatastrofer.

Ditt äktenskap

Vi har den sorts äktenskap vi välsignar, eller den sorts äktenskap vi förbannar.

Första gången jag läste det här påståendet i *The Power of Blessing* av Kerry Kirkwood, blev jag lite chockad. Stämmer det här?

Jag har tänkt mycket på det här och jag tror att det här stämmer i stor utsträckning – olycklighet i vårt äktenskap eller med våra barn beror på att vi inte välsignar dem! Genom välsignelse erhåller vi det goda som Gud ämnat för oss i fullhet – inklusive ett långt liv och hälsosamma relationer. Vi blir deltagare eller samarbetspartners med det och dem vi välsignar.

Se upp för förbannelser. Män och fruar känner varandra så väl. Vi känner till alla knappar vi kan trycka på. Säger du något sådant här? Sägs sådana här saker till dig? "Du lyssnar aldrig", "Ditt minne är uselt", "Du kan inte laga mat", "Du är hopplös på att..." Om de här sakerna sägs ofta, kan de bli till förbannelser och bli sanna.

Förbanna inte, välsigna. Kom ihåg, om du förbannar (uttalar ord för död) kommer du inte att ärva den välsignelse som Gud har i beredskap för dig. Ännu värre, förbannelser påverkar oss ännu mer än de påverkar personen vi förbannar. Kan det här vara en anledning till att våra böner inte blir besvarade?

Att lära sig att välsigna kan vara som att lära sig ett nytt språk – obekvämt till att börja med. Ett exempel:

> *Nicole, jag välsignar dig i Faderns, Sonens och den Helige Andens namn. Jag förlöser allt det goda Gud ämnat för dig. Må Guds syften för ditt liv bli verklighet.*
>
> *Jag välsignar din gåva att möta och älska människor, din gåva av varm gästvänlighet. Jag välsignar din gåva att få människor att känna*

sig bekväma. Jag deklarerar att du är Guds värdinna, att du tar emot människor på det sätt han skulle göra. Jag välsignar dig med energi att fortsätta göra det här även i fortsättningen. Jag välsignar dig med hälsa och ett långt liv. Jag välsignar dig med glädjens olja.

Dina barn
Det finns många sätt att välsigna ett barn på. Så här välsignar jag mitt barnbarn som är fyra år gammalt:

Ashley, jag välsignar ditt liv. Må du bli en underbar kvinna av Gud. Jag välsignar ditt sinne, att det ska fortsätta vara klokt och att du ska ha viset och omdöme i alla beslut. Jag välsignar din kropp, att den ska förbli ren fram tills giftermål och att den ska vara hälsosam och stark. Jag välsignar dina händer och fötter, att de ska utföra det arbete som Gud har planerat att du ska göra. Jag välsignar din mun. Må den uttala ord av sanning och uppmuntran. Jag välsignar ditt hjärta, att det ska vara troget Gud. Jag välsignar din framtida man och dina framtida

> *barns liv med fullkomlighet och enighet. Jag älskar hela dig, Ashley, och jag är stolt över att vara din morfar.*

Om ett barn har det jobbigt inom något område, kan vi naturligtvis välsigna dem särskilt för det. Om de har svårt att lära sig i skolan, kan vi välsigna deras sinnen att komma ihåg lektioner och förstå koncepten bakom undervisningen; om de är mobbade kan vi välsigna dem att växa i vishet och betydelse och erhålla favör från Gud och andra barn; och så vidare.

Jag minns att jag pratade med en underbar kvinna av Gud om hennes barnbarn. Allting hon sa om honom fokuserade på hans fel och brister, hans rebelliska attityd och de beteendeproblem han hade i skolan. Han hade blivit skickad på läger för att få hjälp med sina problem, men han hade blivit hemskickad för att han var så störande.

Efter att jag lyssnat en stund sa jag till kvinnan att hon kanske oavsiktligt förbannade sitt barnbarn genom sättet hon pratade om honom, och att hon höll honom fängslad med sina ord. Hon slutade att tala negativt och började i stället att avsiktligt välsigna honom. Hennes man, pojkens morfar gjorde detsamma. Inom loppet av några dagar hade pojken förändrats fullständigt. Han åkte tillbaka till lägret och blomstrade. Tala om en snabb respons på välsignelsens kraft!

En av de mest underbara saker en far kan ge sina barn är en faders välsignelse. Jag lärde mig det från *The Father's Blessing* av Frank Hammond, vilken är en fantastisk bok. Utan en faders välsignelse finns det alltid en känsla av att något saknas – ett tomrum som inget annat kan fylla. Fäder, lägg händerna på era barn, och andra familjemedlemmar (d.v.s. placera din han på deras huvud eller axlar) och välsigna dem ofta. Upptäck de goda saker som Gud kommer att göra både för dig och för dem.

Närhelst jag delar med mig av det här budskapet frågar jag vuxna män och kvinnor, "Hur många av er har varit med om att er far har lagt sina händer på er och välsignat er?" Väldigt få räcker upp handen. Jag vänder sedan på frågan: "Hur många av er har aldrig varit med om att er far har lagt händerna på er och välsignat er?" Nästan alla räcker upp handen.

Jag frågar sedan om de vill ge mig tillåtelse att vara deras andliga far för en stund – ett substitut – så att jag kan, med den Helige Andes kraft, välsigna dem med den välsignelse de aldrig fått. Responsen har varit överväldigande: tårar, befrielse, glädje, helande. Helt fantastiskt!

Om du längtar efter en fars välsignelse, precis som jag gjorde, säg då följande högt för dig själv. Det är en välsignelse från Frank Hammonds bok som jag har omarbetat.

En faders välsignelse

Mitt barn, jag älskar dig! Du är speciell. Du är en gåva från Gud. Jag tackar Gud för att jag får vara din far. Jag är stolt över dig och jag gläds över dig. Och nu välsignar jag dig.

Jag välsignar dig med helande av alla dina hjärtas sår – sår som orsakats av avvisning, försummelse och misshandel. I Jesu namn bryter jag makten i alla elaka och orättvisa ord som uttalats över dig.

Jag välsignar dig med överflöd av frid, den frid som bara Fridens Furste kan ge.

Jag välsignar dig med fruktsamhet: god frukt, frukt i överflöd och frukt som består.

Jag välsignar dig med framgång. Du är huvudet och inte svansen; du är över och inte under.

Jag välsignar de gåvor som Gud har gett dig. Jag välsignar dig med visdom att fatta bra beslut och att utveckla din fulla potential i Kristus.

Jag välsignar dig med överflödande välgång, att du ska få vara en välsignelse för andra.

Jag välsignar dig med andligt inflytande, för du är världens ljus och världens salt.

Jag välsignar dig med djup andlig förståelse

och en nära vandring med din Herre. Du ska inte snubbla eller vackla, för Guds ord ska vara en lykta för dina fötter och ett ljus för din stig.

Jag välsignar dig att se kvinnor/män som Jesus gjorde och gör.

Jag välsignar dig att se, framkalla och prisa guldet inom människor, inte smutsen.

Jag välsignar dig att förlösa Gud på arbetsplatsen – inte bara för att vara ett vittne, visa god karaktär, men även för att förhärliga Gud med ditt utmärkta och kreativa arbete.

Jag välsignar dig med goda vänner. Du har Guds och människors gillande.

Jag välsignar dig med riklig och överflödande kärlek, med vilken du kan förmedla Guds nåd till andra. Du kommer att förmedla Guds tröstande nåd till andra. Du är välsignad mitt barn! Du är välsignad med alla andliga välsignelser i Kristus Jesus. Amen!

Vittnesbörd om betydelsen av en faders välsignelse

Jag blev förändrad genom faderns välsignelse. Jag hade aldrig tidigare hört ett sådant budskap predikas. Jag hade aldrig upplevt en biologisk far tala in i mitt liv. Gud använde dig, Richard, för att ta mig till en punkt där jag behövde be om och få en faders välsignelse deklarerad genom en andlig fader. När du förlöste en far-till-son välsignelse, blev mitt hjärta tröstat och jag är nu välsignad och lycklig. – Pastor Wycliffe Alumasa, Kenya

Det hade varit en lång och svår väg att navigera min väg genom depression; en kamp på många fronter – sinne, ande, kropp. Helande av mitt förflutna visade sig vara nyckeln och inget steg var viktigare än att förlåta min far – inte bara för de sårande saker han gjort i det förflutna, men också för de saker han inte gjort – hans försummelse. Min far sa aldrig att han älskade mig. Han hade en känslomässig blockering. Han hade inga kärleksfulla, omsorgsfulla, känslomässiga ord att säga – trots min längtan att få höra dem.

Genom förlåtelse och inre helande försvann depressionen, men jag hade fortfarande fysiska symptom – det största var irritabel tarm (IBS). Jag hade blivit rekommenderad att följa en diet och fått medicin utskriven av min doktor, men dessa hade liten effekt. Jag blev informerad att medicinen kunde minska symptomen, men att den inte kunde bota sjukdomen.

En vän till mig, Richard, hade berättat historier för mig om en fars välsignelse, och de resultat som människor fått. Någonting i min ande fick mig att börja tänka på det här. Jag blev medveten om det faktum att medan jag hade förlåtit min far för det tomrum han lämnat, hade jag aldrig fyllt tomrummet eller tillfredsställt min själs längtan. Och så hände det. En morgon medan vi åt frukost på ett kafé, tog Richard min fars plats och välsignade mig som en son. Den Helige Ande kom över mig och stannade med mig under hela dagen. Det var en underbar upplevelse och den del av min själ som hade ropat kände nu frid.

Ett oväntat resultat var dock att mina symptom av irritabel tarm försvann helt. Jag slutade med dieten och medicinen. När min själ fick ta emot vad den hade saknat, helades även min kropp.
– Ryan

Välsigna andra genom att förlösa profetior
Jag har gett dig exempel för att hjälpa dig på traven, men det är bra att be den Helige Ande hjälpa dig att vara lik Guds mun. Att deklarera och förlösa Guds specifika intention eller "ord för tidpunkten" (det rätta ordet vid rätt tidpunkt). Om situationen tillåter, aktivera din ande med tungotal eller lovprisning.

Du kanske börjar med att använda de olika modellerna ovan, men lita på att den Helige Ande leder dig. Lyssna på hans hjärtslag. Du kanske börjar lite tafatt, men du kommer snart att känna Herrens hjärta.

Välsigna din arbetsplats
Bläddra tillbaka till del 1 och anpassa mitt exempel till dina förhållanden. Var öppen för vad Gud visar

dig – han kanske rättar till ditt perspektiv. Välsignelse är inte en magisk formel. Till exempel, Gud kommer inte att förmå människor att köpa saker de inte vill ha eller behöver. Gud välsignar inte heller lathet eller oärlighet. Men om du uppfyller hans villkor, då kan du välsigna ditt företag – att Gud ska hjälpa dig att förändra det från vad det är idag till det han vill att det ska vara. Lyssna på hans råd och på råd från de människor han sänder i din väg. Var öppen. Men förvänta dig också hans favör, för han älskar dig och vill att du ska lyckas.

Jag mottog följande vittnesbörd från Ben Fox:

> *Mitt jobb inom fastighetsindustrin hade genomgått förändringar under några år, och mitt företag hade upplevt en nedgång i antal uppdrag. Jag hade frågat flera personer om förbön eftersom min arbetsbörda hade reducerats till den grad att jag kände mig orolig och ängslig.*
>
> *Ungefär samtidigt, i början av 2015, hörde jag en serie av predikningar av Richard Brunton som handlade om att välsigna sitt jobb, företag,*

familj och andra områden. Framtill dess hade jag fokuserat på att be Gud hjälpa mig inom de här områdena. Jag hade aldrig fått lära mig att vi själva kan tala ut välsignelser, men jag har insett nu att det står i Bibeln, och jag vet att Gud kallar oss och har gett oss auktoriteten att göra detta i Jesu namn. Så jag började välsigna mitt jobb – att uttala Guds ord över det och tacka Gud för det. Jag framhärdade med att välsigna mitt jobb varje morgon och även tacka Gud för nya uppdrag och be honom sända nya kunder som jag kunde få hjälpa.

Under de följande tolv månaderna, ökade antalet uppdrag avsevärt, och sedan dess har det funnits tidpunkter då jag knappt har kunnat hantera allt arbete. Jag har lärt mig att det finns ett sätt att inkludera Gud i vår vardagliga sysselsättning, och att välsigna vårt arbete är något som Gud kallar oss att göra. Jag ger därför Gud all ära. Jag började också bjuda in den Helige Ande till min arbetsdag, att be honom om vishet och kreativa idéer. Jag har särskilt lagt märke till att när jag frågar den Helige Ande att hjälpa mig vara effektiv i mitt arbete så slutför jag det ofta tidigare än beräknat.

Det verkar som att undervisning om välsignelse och om hur man välsignar har blivit bortglömt i många kyrkor. När jag talar med andra kristna så känner de inte till det. Att välsigna mitt arbete har nu blivit en vana, även att välsigna andra. Jag ser fram emot att få se frukten av de välsignelser jag uttalar över människor, när välsignelserna är i samklang med Guds ord och i Jesu namn.

Att välsigna ett samhälle

Här tänker jag på en kyrka – eller en liknande organisation – som välsignar samhället där det verkar.

Folket i .... (samhälle), vi välsignar er i Jesu namn, att ni ska känna Gud, att ni ska känna till hans syfte för era liv, och att var och en av er ska få ta del av hans välsignelser för er, era familjer och alla situationer i era liv.

Vi välsignar varje hushåll i .... (samhälle). Vi välsignar varje äktenskap och vi välsignar relationer mellan familjemedlemmar i olika generationer.

Vi välsignar er hälsa och er ekonomi.

Vi välsignar ert arbete. Vi välsignar varje sunt företag ni är involverade i. Må de blomstra.

Vi välsignar eleverna i era skolor; vi välsignar dem att lära sig och förstå undervisningen. Må de växa i vishet och i betydelse och få Guds och människors favör. Vi välsignar lärarna och ber att skolan ska vara en trygg och sund plats, där undervisning om tro på Gud och Jesus kan ges på ett bra sätt.

Vi talar till hjärtana hos människorna som bor i samhället. Vi välsignar dem att vara öppna för den Helige Andes uppvaktning och att bli mer och mer känsliga för Guds röst. Vi välsignar dem med det överflöd av himmelens kungadöme som vi upplever här i .... (kyrka).

Den här typen av välsignelse bör naturligtvis anpassas för det specifika samhället. Om det är ett jordbrukssamhälle kanske du välsignar marken och djuren; om det är ett samhälle med hög arbetslöshet, välsigna då lokala företag och deras förmåga att skapa jobb. Anpassa välsignelsen till behovet. Bry dig inte om huruvida de förtjänar det eller inte! Människor kommer att känna i sina hjärtan var välsignelsen kommit ifrån.

Välsigna marken
I Första Mosebok ser vi Gud välsigna mänskligheten, ge dem makt över marken och alla levande varelser och befalla dem att bära frukt och att föröka sig. Det här var en del av mänsklighetens ursprungliga prakt.

När jag var i Kenya nyligen träffade jag en missionär som tog hand om gatubarn och undervisade dem om jordbruk. Han berättade en historia om ett muslimskt samhälle som hävdade att deras mark var förbannad eftersom inget växte där. Min missionärsvän och hans kristna grupp välsignade marken och den blev fertil. Det här var en dramatisk demonstration av Guds kraft förlöst genom välsignelse.

Medan jag var i Kenya besökte jag också barnhemmet som vår kyrka stödde. Jag gick runt i området och välsignade deras fruktodling, trädgård, hönor och kor. (Jag har även välsignat mina egna fruktträd med väldigt gott resultat).

Geoff Wiklund berättar en historia om en kyrka i Filippinerna som mitt under en allvarlig torka välsignade en bit land som kyrkan ägde. Deras mark var den enda marken som fick ta emot regn. Bönder som ägde angränsande marker kom för att samla vatten till sitt ris från dikena runtom kyrkans mark. Det här är en annat anmärkningsvärt mirakel där Guds favör förlösts genom välsignelse.

Välsigna Herren
Trots att jag lämnat det till sist, borde det komma först. Anledningen till att jag placerade det sist är att det inte passar in i modellen av att "uttala Guds favör över någon eller något". Det handlar mer om att "göra någon lycklig". Hur välsignar vi Gud? Ett sätt att göra det kan vi läsa om i Psaltaren 103:

Lova Herren min själ... och glöm inte bort allt det goda han gjort...

Vad är Guds goda? Han förlåter, helar, frälser, kröner, tillfredsställer, förnyar...

Jag har gjort till en vana att komma ihåg och tacka Gud varje dag för vad han gör i och genom mig. Jag drar mig till minnes och uppskattar allt som han är för mig. Det här välsignar honom och mig också! Hur känner du dig när ett barn tackar dig eller visar uppskattning för något du sagt eller gjort? Det värmer ditt hjärta och gör att du vill göra mer för dem.

Ett slutord från en läsare

Det är svårt att förklara hur välsignelse har förändrat mitt liv. Så här långt, under min relativt korta erfarenhet, har ingen sagt nej när jag har erbjudit att ge en välsignelse – Jag har till och med haft chansen att välsigna en muslimsk man. Att erbjuda sig att be en välsignelse över en persons liv öppnar en dörr... det är ett sådant enkelt, icke-hotfullt sätt att föra in Guds rike i en situation, in i en persons liv. För mig har att kunna ge en välsignelse blivit ett nytt verktyg i min verktygslåda... det är som om en del i mitt liv som tidigare saknats, nu har hamnat på rätt plats... – Sandi

TILLÄMPNINGAR

- Tänk på någon som sårat dig – om det behövs, förlåt dem, men ta sedan ytterligare ett steg och välsigna dem.

- Fundera över saker som du säger regelbundet, då du förbannar andra eller dig själv. Vad ska du göra åt det?

- Skriv en välsignelse för dig själv, din make/maka och dina barn.

- Träffa en annan person och var öppen för att profetera över dem. Be Gud om en uppenbarelse om något specifikt eller uppmuntrande för personen. Börja med att tala generellt, till exempel, "Jag välsignar dig i Jesu namn. Må Guds plan och syften för ditt liv bli verklighet…", vänta sedan på Guds ord, var tålmodig. Kom ihåg att du har Kristi sinne. Byt sedan plats och låt den andra personen välsigna dig profetiskt.

- I din kyrka, kom överens om en välsignelse för att nå ut till och hela er region, eller välsigna det uppdrag ni redan har.

HUR BLIR JAG KRISTEN?

Den här lilla boken skrevs för kristna människor. Med "kristna" syftar jag inte på människor som lever goda liv. Jag syftar på människor som blivit "födda på nytt" i Guds ande och som älskar och följer Jesus Kristus.

Människor består av tre delar: ande, själ och kropp. Anden designades för att vi skulle kunna känna och ha gemenskap med Gud, som är ande. Människorna skapades för närhet med Gud, ande till ande. Hursomhelst, mänsklig synd separerar oss från Gud, vilket resulterar i att vår ande dör och att vi förlorar gemenskapen med Gud.

Som en konsekvens av detta tenderar människor att agera utifrån enbart själ och kropp. Själen består av intellekt, vilja och känslor. Resultatet av detta är alltför synligt i världen: självviskhet, stolthet, girighet, hunger, krig och brist på äkta frid och mening.

Men Gud hade en plan för att rädda mänskligheten. Gud fader sände sin son Jesus, som också är Gud, till jorden i form av en människa för att visa oss Gud – *"Den som har sett mig har sett fadern"* – och för att ta på sig konsekvenserna av vår synd. Hans fruktansvärda död på korset var planerad från allra första början och förutsas i detalj i gamla testamentet. Han betalade priset för mänsklighetens synd. Himmelsk rättvisa blev tillfredsställd.

Men sedan lät Gud Jesus uppstå från de döda. Jesus lovar att de som tror på honom också ska uppstå från de döda för att spendera evigheten med honom. Han ger oss sin ande nu, som en garanti så att vi kan känna honom och gå med honom under resten av våra liv på jorden.

Det här är essensen av Jesu Kristi evangelium. Om du bekänner din synd, om du tror att Jesus tog på sig ditt straff på korset och att han uppstod från de döda, då tillskrivs du hans rättfärdighet. Gud kommer att skicka sin Helige Ande att återskapa din mänskliga ande – det är att bli född på nytt – och du kommer att börja lära känna och ha nära gemenskap med Gud – vilket är anledningen till att Gud skapade dig från första början! När din fysiska kropp dör kommer Kristus att resa dig upp och ge dig en härlig och odödlig kropp. Wow!

Medan du är här på jorden kommer den Helige Ande att verka i dig (att rengöra dig och göra din karaktär mer kristuslik) och genom dig (att vara en välsignelse för andra).

De som väljer att inte ta emot det Jesus betalade för, kommer att dömas med alla dess konsekvenser. Det är något du inte vill.

Här är en bön som du kan be. Om du ber den uppriktigt kommer du att bli född på nytt.

> *Käre Gud i himlen, jag kommer till dig i Jesu namn. Jag bekänner att jag är en syndare. (Bekänn alla synder som du vet om). Jag är uppriktigt ledsen för mina synder och det liv som jag har levt utan dig och ber om din förlåtelse.*
>
> *Jag tror på att din ende son, Jesus Kristus, utgöt*

sitt dyrbara blod på korset och dog för mina synder, och jag är nu villig att vända bort från min synd.

I Bibeln (Romarbrevet 10:9) sa du att om vi deklarerar att Jesus är Herren och tror i våra hjärtan att Gud uppväckte Jesus från de döda, då ska vi bli räddade.

Nu bekänner jag Jesus som Herre över min själ. Jag tror på att Gud lät Jesus uppstå från de döda. I denna stund accepterar jag Jesus Kristus som min personliga frälsare och enligt hans ord är jag nu räddad. Tack Herre för att du älskar mig så mycket att du var villig att dö i mitt ställe. Du är fantastisk Jesus och jag älskar dig.

Nu ber jag dig att din Helige Ande ska hjälpa mig att bli den person som du planerat att jag skulle vara före tidens början. Led mig till andra troende och till en kyrka enligt ditt val så att jag må växa i dig. I Jesu namn, amen.

Tack för att du läst den här lilla boken.
Jag skulle bli jätteglad för vittnesbörd om hur
välsignelse har förändrat ditt liv eller
dem som du välsignat.
Kontakta mig via:

richard.brunton134@gmail.com

www.ingramcontent.com/pod-product-compliance
Lightning Source LLC
Chambersburg PA
CBHW071837290426
44109CB00017B/1835